My Girlfriend's Child

1

Mamoru Aoi

Inhalt

My Girlfriend's Childe

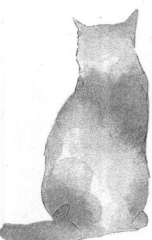

Du bist selbst betroffen und benötigst Hilfe? Dann wende dich an www.jung-und-schwanger.de von der Bundeszentrale für gesundheitliche Aufklärung für kostenlose und anonyme Beratung. Du bist nicht allein.

Kapitel 1

Vorzeichen

Mein Name ist Sachi.

Die meisten nennen mich jedoch einfach bei meinem Spitznamen, »Fuku«.

Immer wenn sie mir das erzählt, wird mir ganz warm ums Herz.

Meine Mutter erklärte mir, er bedeute »das Glück, das einem Menschen von Gott geschenkt wurde«.

»Sachi« nennen mich nur meine Mutter und noch eine weitere besondere Person.

Miez,
Miez,
Miez...

KNIRSCH

Nora?

Hier
ist sie
nicht...

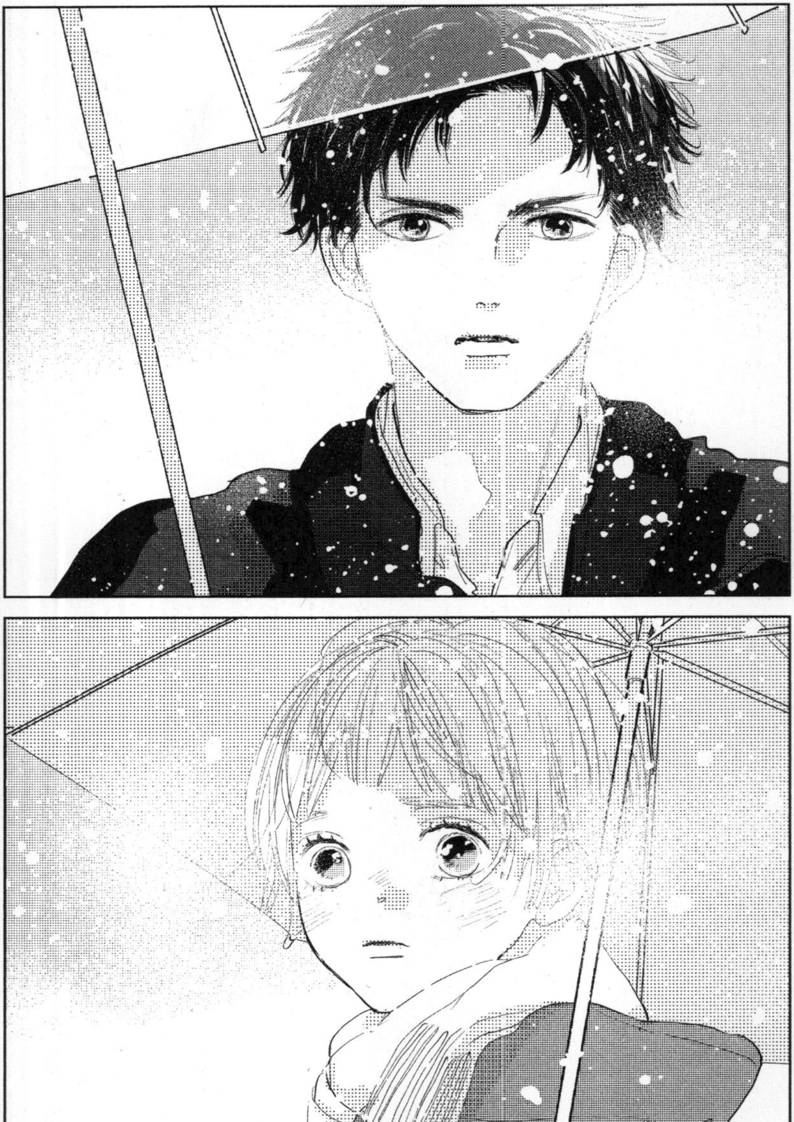

Ich kann Nora nicht finden!

Und das bei diesem Schnee! Was mach ich bloß, Takara?!

Hey, schmier mir keinen Rotz auf die Jacke!

BOFF

Oha!

Es gibt ganz sicher keinen Grund zur Sorge, Sachi.

Ganz ruhig erst- mal.

Bestimmt hat ihr jemand ein Dach überm Kopf geboten.

Okay...

Ist
alles
gut?

Wieso hast du keinen Schirm mit?

Daran habe ich irgendwie gar nicht gedacht.

Ich sorg mich bloß –

... um Nora.

Ich dachte...

... der Schnee würde...

... sich zart und spurlos im Nichts auflösen...

Was für das Auge sichtbar ist, verschwindet nicht so leicht.

Tja, zu schade.

Das stimmt
wohl.

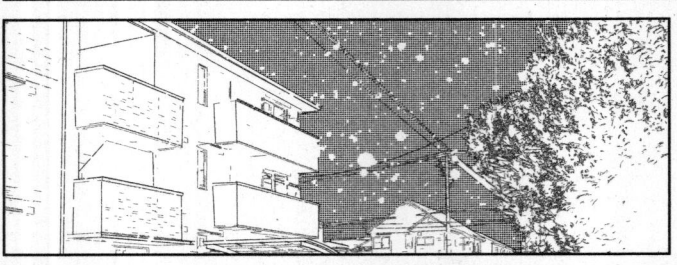

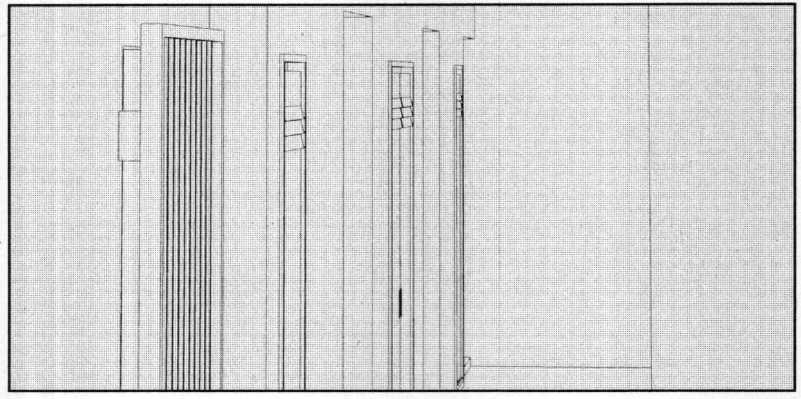

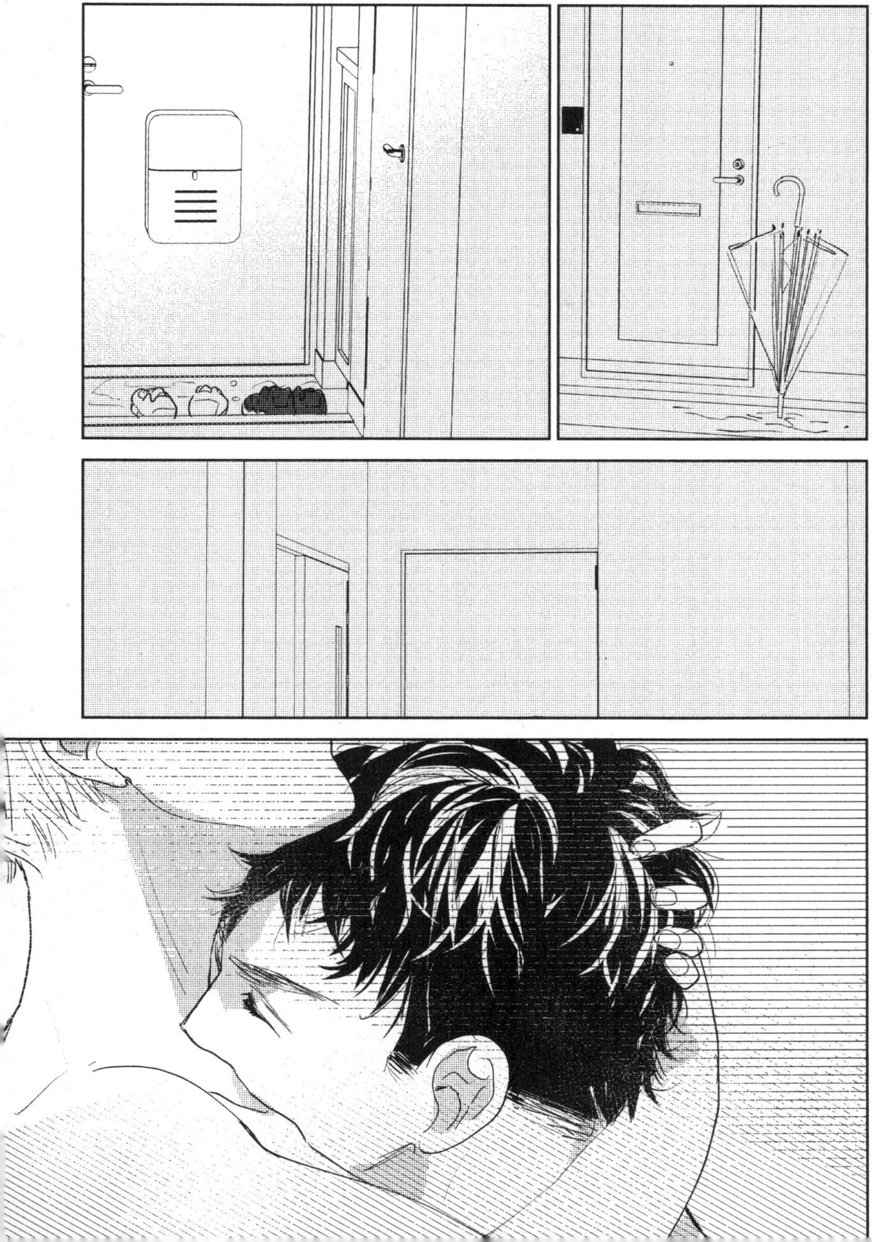

Warte.

Ich hol
ein Kon-
dom...

Da müsste
noch eins übrig
sein...

QUIETSCH

Soll ich es dir überziehen?

Besser nicht. Letztes Mal hast du es bestimmt mit deinen Nägeln zerrissen.

Aber kann man das vorhersehen?

STARR

Wird es diesmal keinen Riss bekommen?

Ich schau grade.

So, das hätten wir.

STARR

18

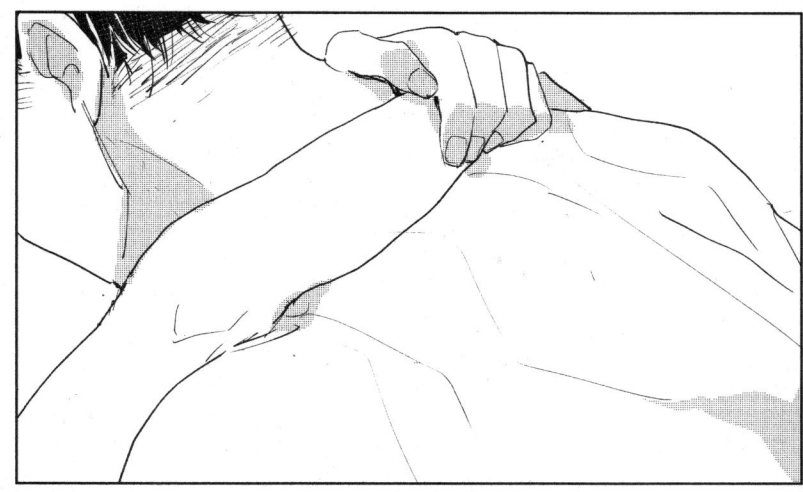

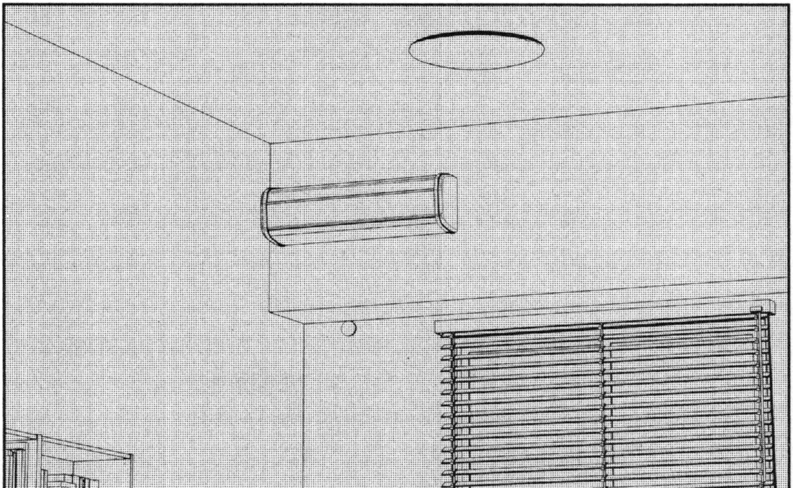

TAPS

TAPS

SSSHH

PLADDER

Hast du dir die Hände ge- waschen?

Mmh.

GWIT

Klar. ♡

Kriegst du einen hoch?

Wollen wir noch mal?

Das war echt schön.

Eher nicht, tut mir leid.

... als sie sich eine Weile geweigert hat, weil es beim ersten Mal so wehtat...

Und...

GRUSCH

KARTOFFEL STICKS

... hat er sich von ihr getrennt.

Echt mies.

Wie mies.

KNABBER
KNABBER
KNABBER

Beim ersten Mal hat sie sich überwunden, obwohl sie echt Schiss hatte.

Yazawa hat ihn aber wirklich geliebt.

Und wie.

Er wollte nur das eine.

Man sagt ja, es würde wehtun.

Die meisten schon, glaub ich.

Mädchen haben Angst davor?

Außerdem kann man sich doch nicht vorstellen, dass da so ein Ding reinpasst.

So ein Ding...

Noch größer ist aber der Wunsch...

... mit demjenigen, den man liebt, eins zu werden.

Echt merkwürdig ...

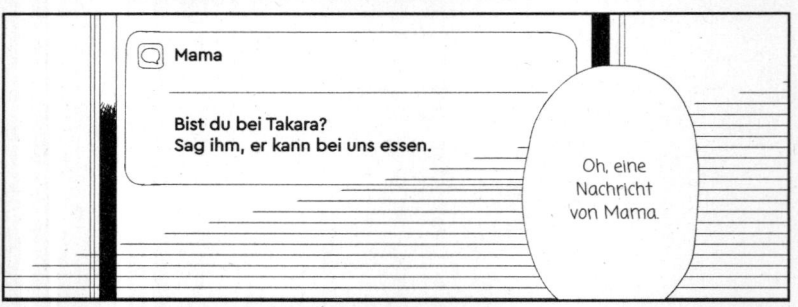

24

BATSCH
Du bist ja schon wieder gewachsen, Takara!
Und Sie sind noch hübscher geworden.
Ach, du kleiner Schmeichler!
BATSCH
BATSCH
Autsch!
Gibt's heute Eintopf?
Mit Sesam, Miso und Sojamilch.
BRODEL
BRODEL
BRODEL
BRODEL
PUH
Ich hab keinen Appetit...
Das kommt wohl vom Naschen!
Hau rein!
Also ich bediene mich.

Berühren wir uns einmal, gibt es kein Halten mehr. Wir sehnen uns so stark nacheinander, dass wir an nichts anderes mehr denken können.

Toll, dass du deine Uni von zu Hause erreichen kannst.

Ich war 15, als ich zum ersten Mal mit Takara geschlafen habe.

BRODEL

BRODEL

Stimmt.

Aber darauf musst du keinen Wert legen.

Danach haben wir es bei jeder Gelegenheit getan.

In Wahrheit hast du deine Wahl schon getroffen, oder?

BRODEL

BRODEL

Und das stimmt ja auch irgendwie.

Fast, als würde uns ein Instinkt treiben.

Da hast du recht.

Was?

BRODEL
BRODEL
BRODEL

Hm?

32

Alles wird gut gehen.

Nora ist sicher in guten Händen.

TAP
TAP
TAP

Bestimmt schläft sie bei jemandem in einer warmen Decke.

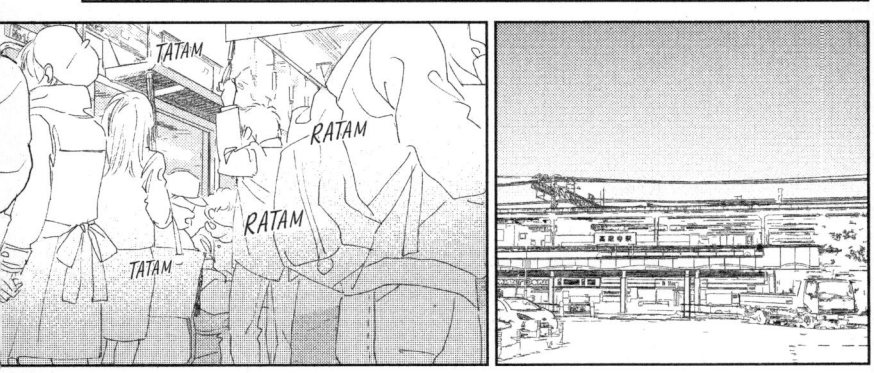

TATAM

RATAM

RATAM

TATAM

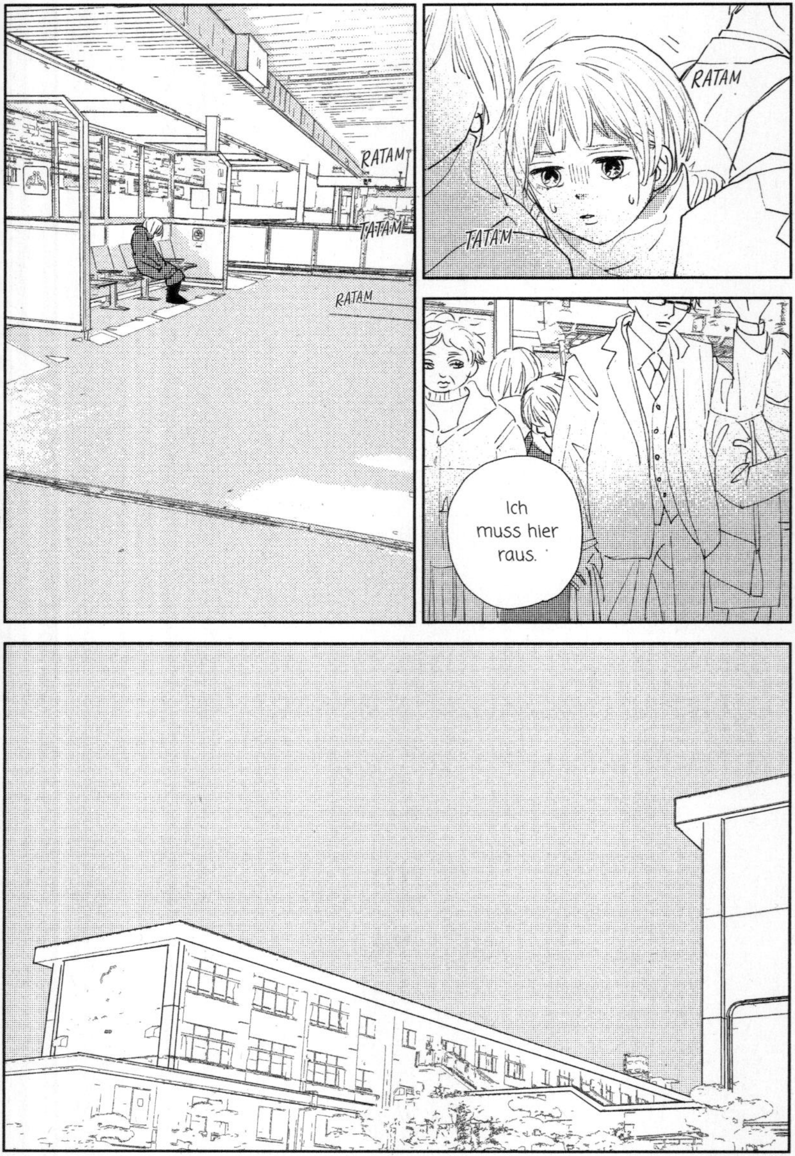
RATAM
TATAM
RATAM
RATAM
TATAM
Ich muss hier raus.

38

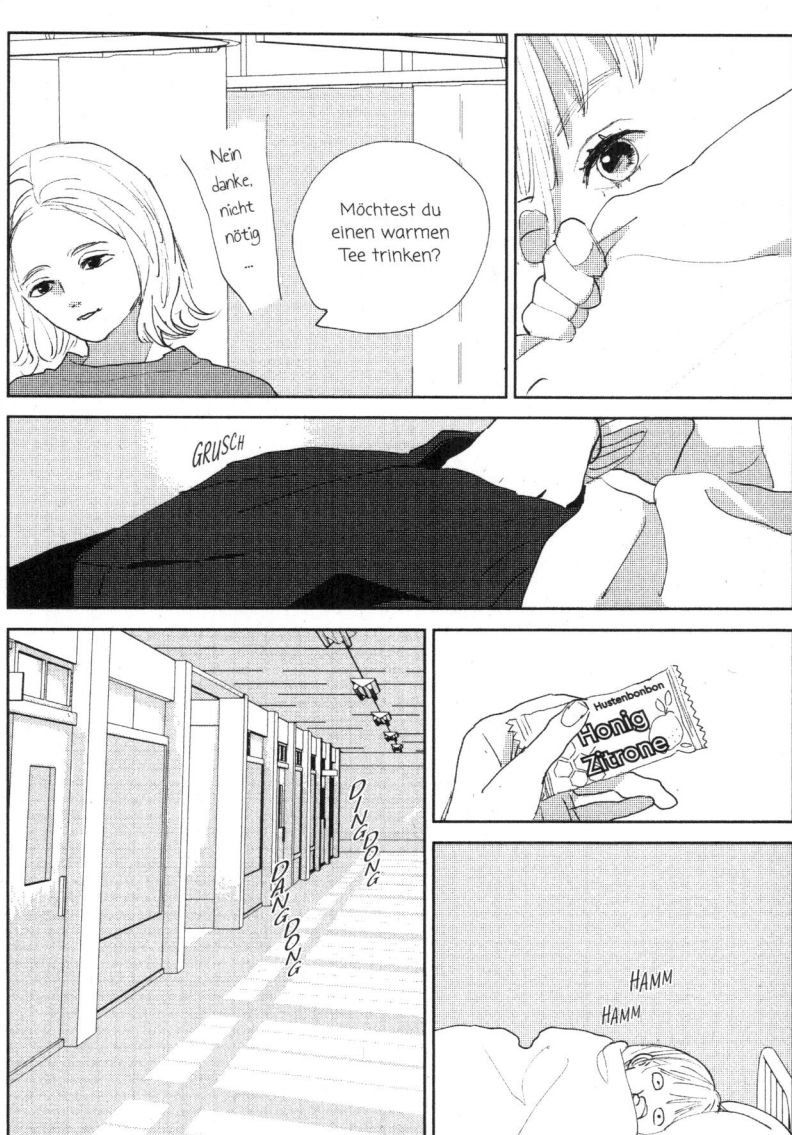

39

RAUN

RAUN

RAUN

RAUN

RAUN

Oh! Fuku.

Gar nicht wahr!

Bestimmt weil wir in der ersten Stunde laufen mussten.

Hast du etwa geschwänzt?

Bitte sehr.

Hurra!

In letzter Zeit naschst du andauernd.

Das ist nicht so gesund, hörst du?

Auweia.

Ich hab zwei Kilo zugenommen.

Fühlst du dich besser?

RAUN

Yazawa! Hast du was Süßes dabei?

RAUN

RAUN

RAUN

RAUN

Eine Streuner-katze.

Nora ist verschwun-den.

Sie ist anhänglich und schnurrt, wenn sie gestreichelt wird. ♡

Nora?

Adoptier sie doch!

Mama hat mich zur Schnecke gemacht, als ich damals einen Kater mit nach Hause genommen hab.

Das ist er.

Ein Haustier darf nur jemand haben, der Verantwortung tragen kann. Meinte sie damals.

Echt? Deine Mutter?

Was ist aus dem Kater geworden?

Takaras Opa hat ihn bei sich aufgenommen.

Zeig mal.

... und war begeistert, dass man es auf diese Weise lesen kann, obwohl es Feierlichkeit bedeutet.

Er heißt Hajime.

Süß!

Ich hatte das Kanji dafür erst frisch gelernt...

So, jetzt setzt euch bitte alle.

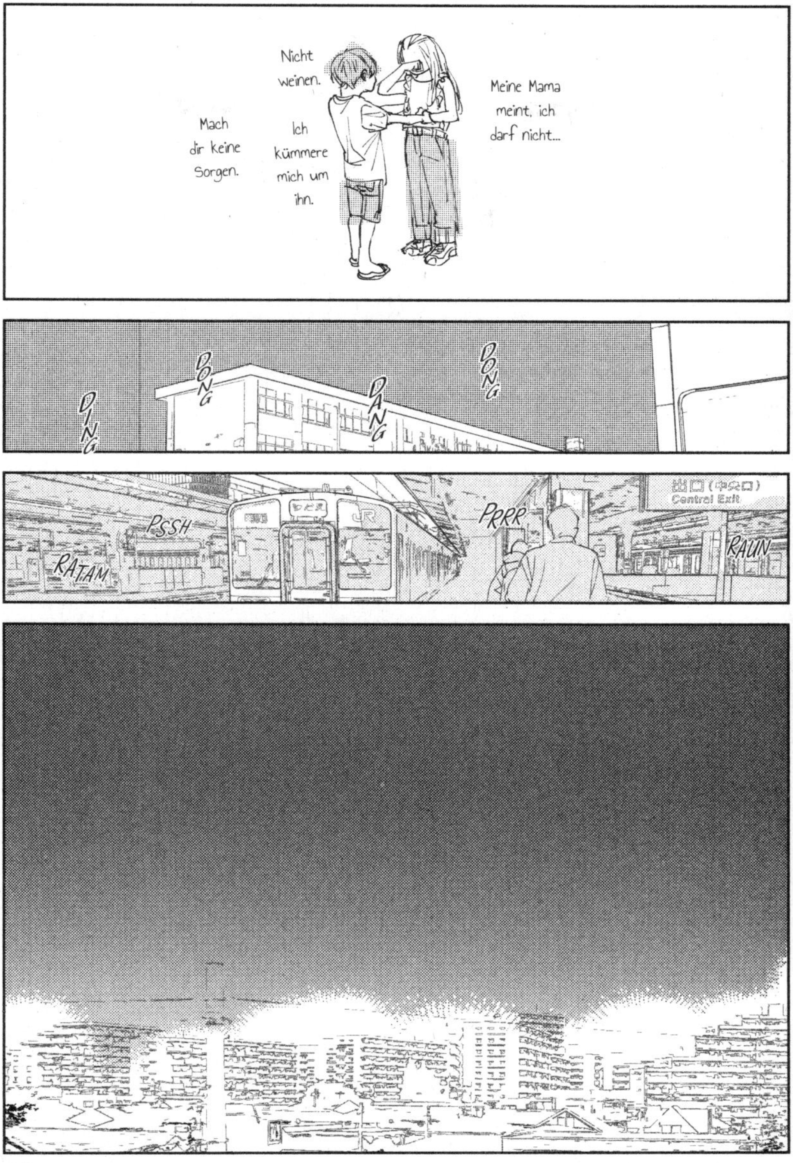

Nicht weinen.

Ich kümmere mich um ihn.

Mach dir keine Sorgen.

Meine Mama meint, ich darf nicht...

43

44

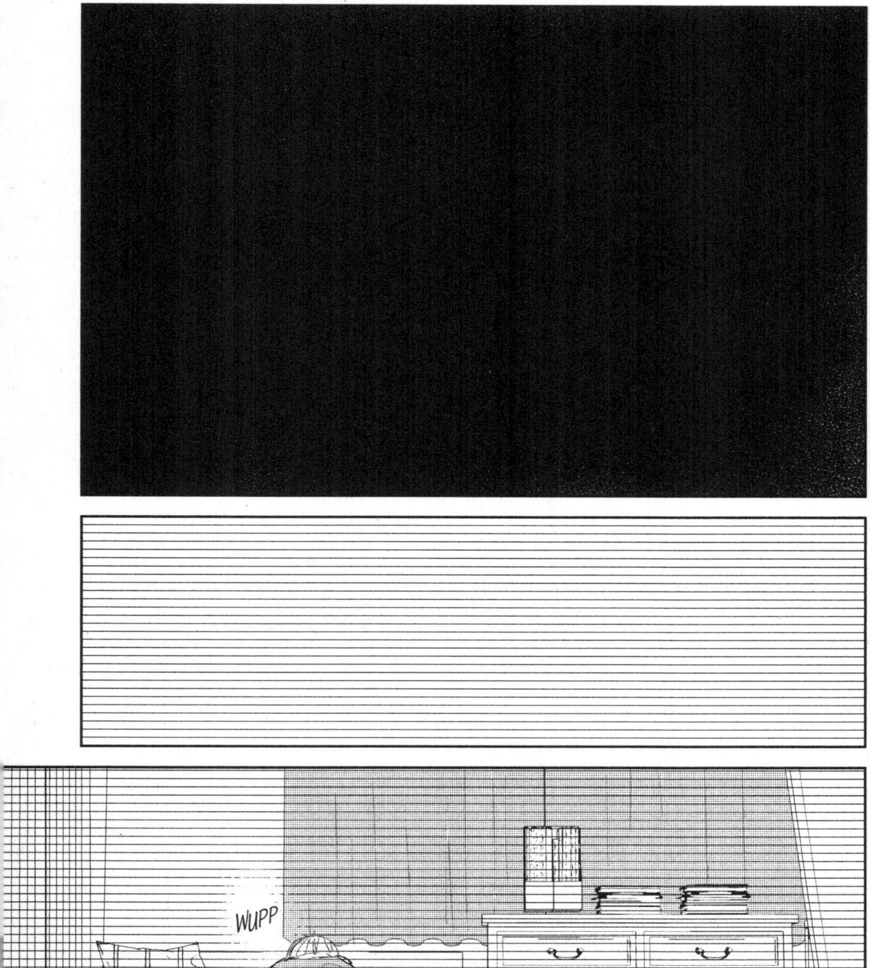

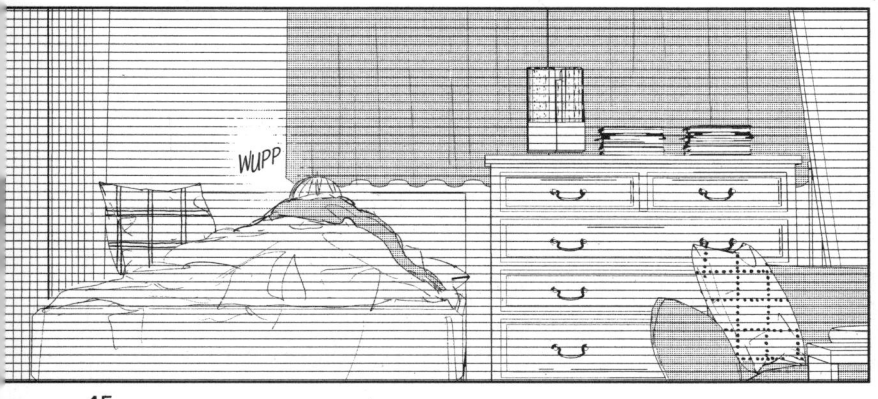

WUPP

46

Brr, ist
das kalt.

Hmm, Ich hab
dutzende
Nachrichten
bekommen.

Takara

Alles okay?

PSSH-BRODEL
BRODEL
BRODEL

48

QUIETSCH

HUH

49

Nora!

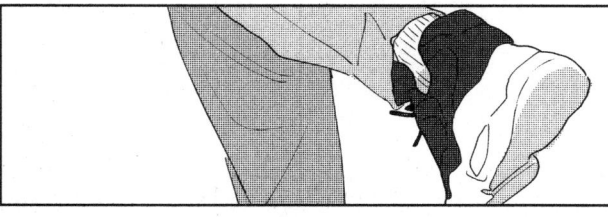

Fuku.

Was ist passiert?

...

Ngh...

SST

Geh dir die Hände waschen.

...

Oh, Takaras Opa.

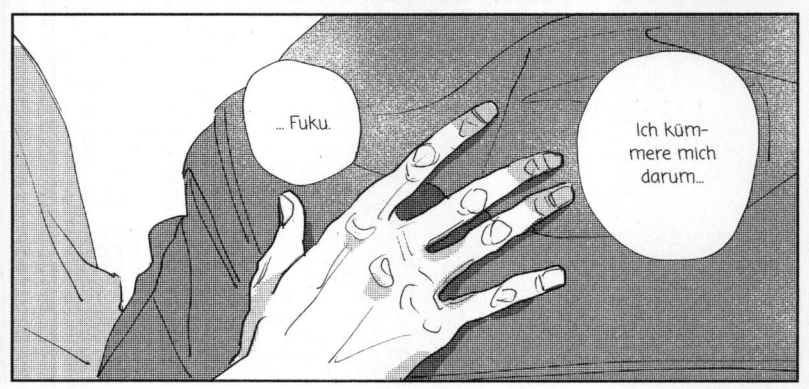

... Fuku.

Ich kümmere mich darum...

RATAM

RATAM

TATAM

TUUUN

RAUN

RAUN

...

Ngh...

Ugh...

Es tut
mir leid.

Du hast doch versprochen, leise zu sein.

RATAM

TATAM

RATAM

TATAM

RATAM

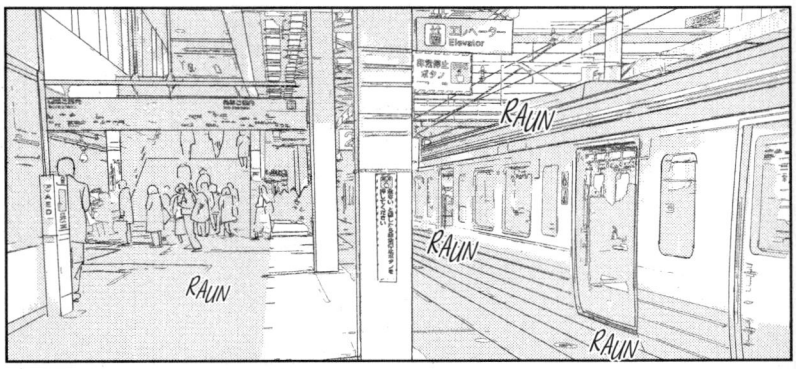

RAUN

RAUN

RAUN

RAUN

RAUN

RAUN

RAUN

RAUN

RAUN

RAUN

RAUN

LINS

Im selben Regal wie die Kondome...

Haha...

Gefunden!

Das macht 713 Yen*.

So viel?!

* ca. 4,50 €

RAUN

RAUN

RAUN

VRRM

TUUUT

RAUN

RAUN

Herzlich willkommen. Kommen Sie in Begleitung?

Ich bin alleine hier.

Ob ich wirklich alleine bin?

Eine Minute?

Superschnell!

Schwangerschaftstest

Und das soll funktionieren?

Ich muss nur darauf pinkeln?

KLACK

...

Sieht irgendwie aus wie Spielzeug.

Kann ich mich wirklich drauf verlassen?

Na, dann wollen wir mal...

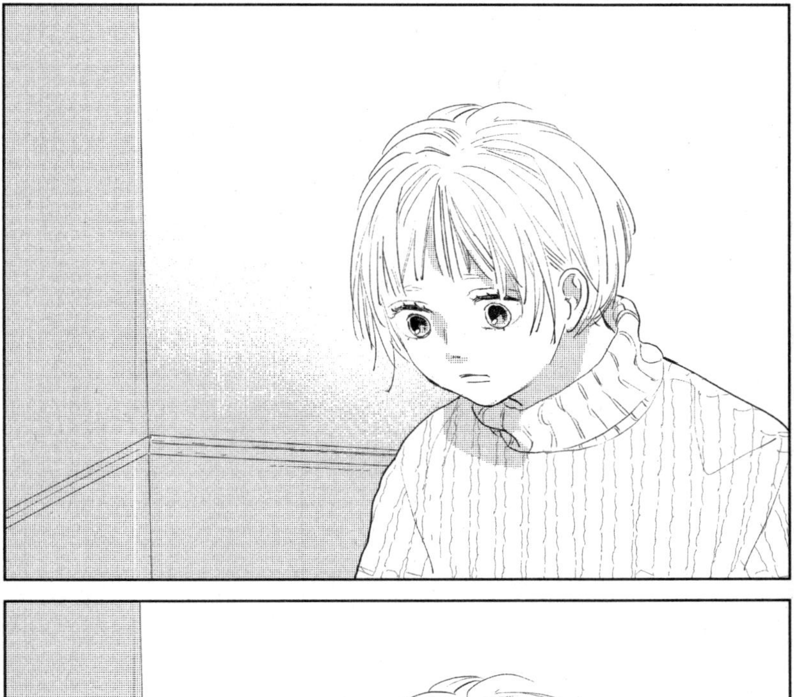

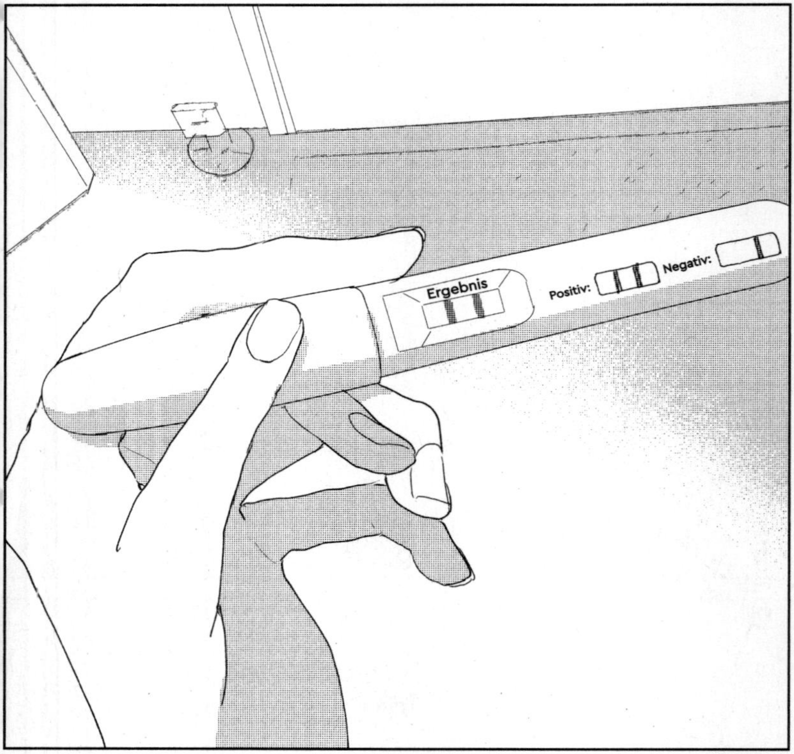

Kapitel 2

Zukunft

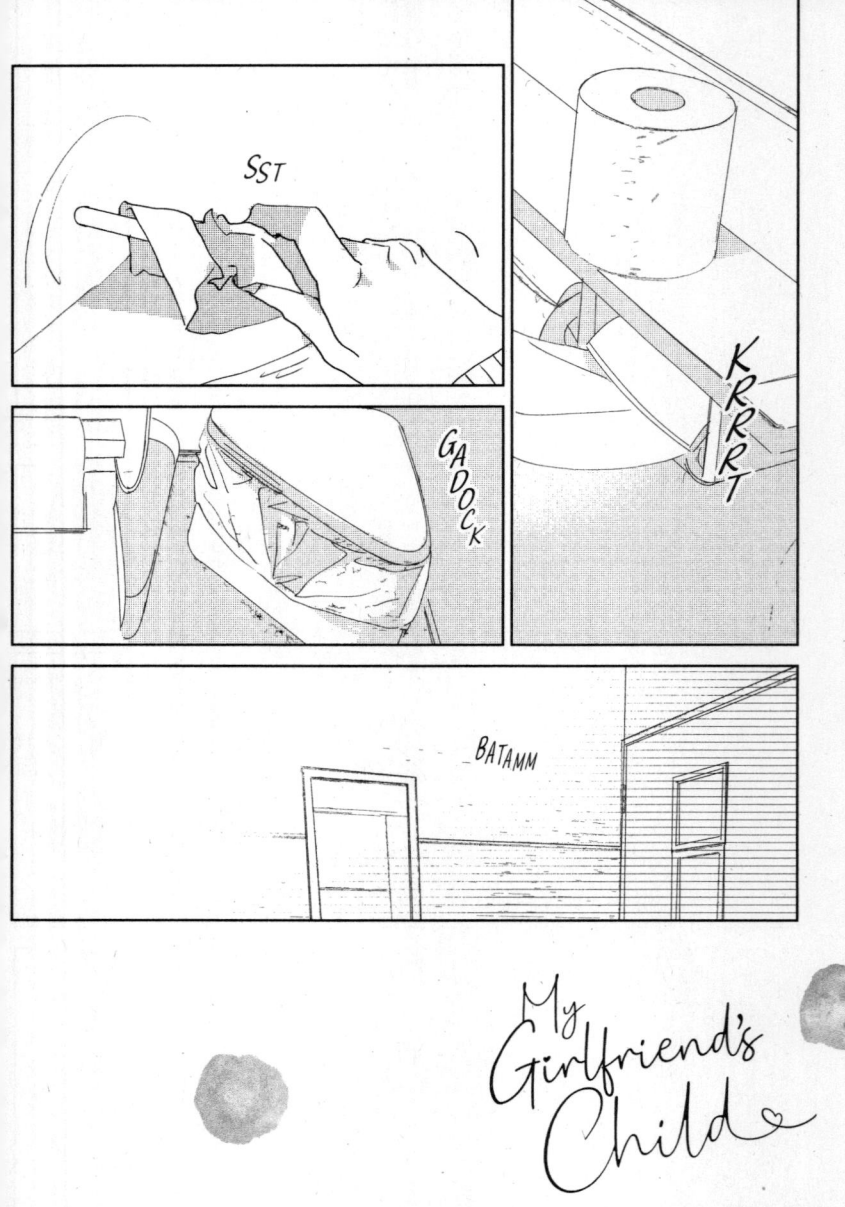

RAUN

RAUN

RAUN

RAUN

Das reicht überhaupt nicht.

Takara

...

Ich kann ihn jetzt nicht sehen.

Hilfe.

Ich habe gerade noch genug Geld für die Rückfahrt.

Kou

Hilf mir!

Ich sitze im Restaurant, hab aber kein Geld dabei.

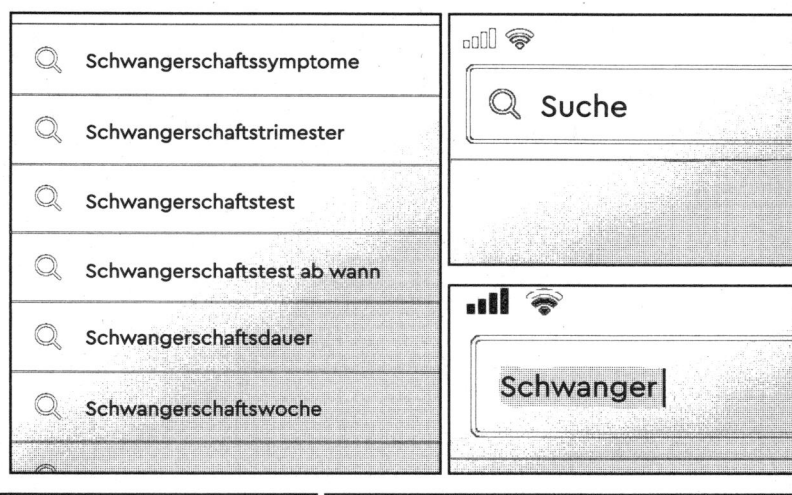

Manches trifft zu, manches nicht...

Ich werd nicht schlau daraus...

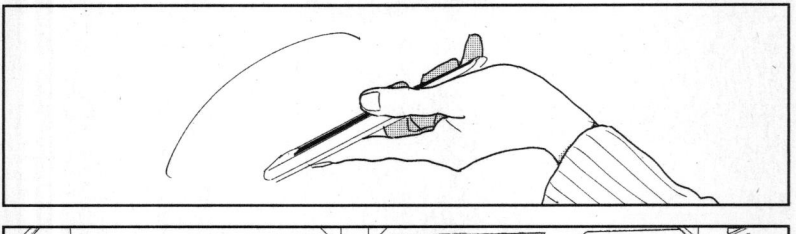

Vielleicht gehöre ich ja zu dem einen Prozent.

Noch besteht keine Gewissheit.

Keine Panik...

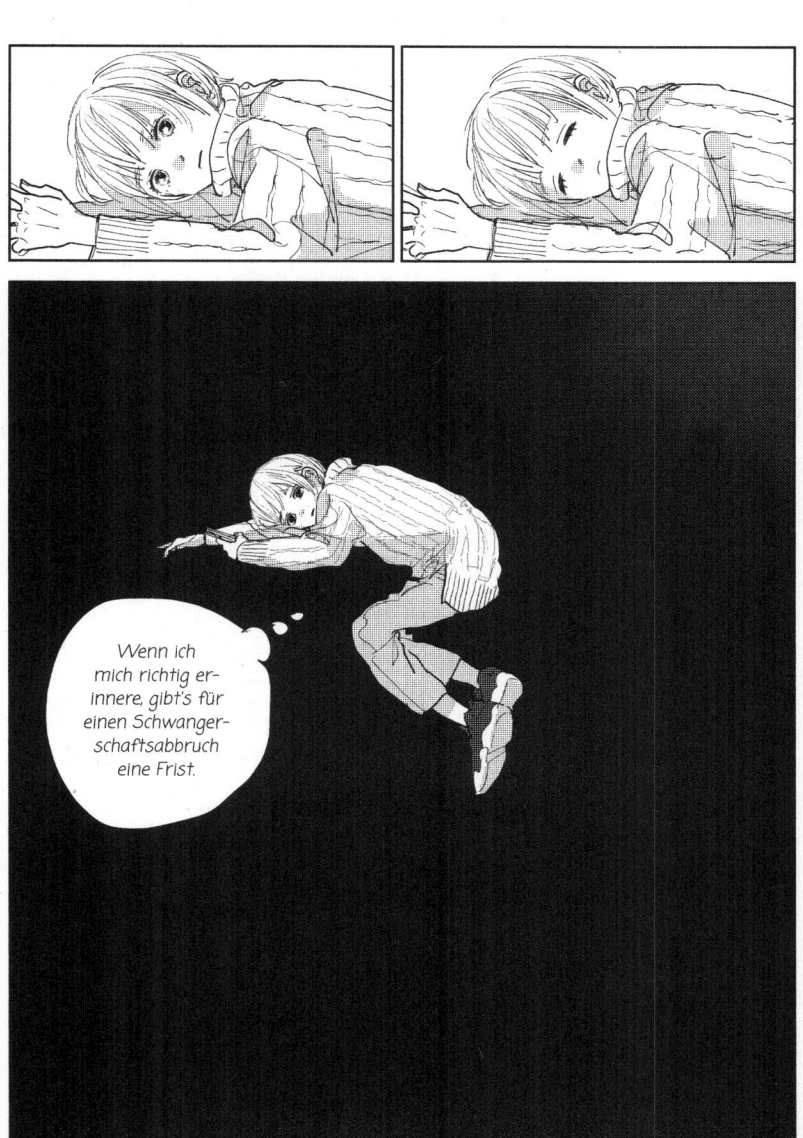

Bis wann?

In welcher Woche bin ich überhaupt?

Wie wird das gezählt?

RAUN

FLAPP

Ah, du bist wach?

Ich dachte, du würdest schlafen.

Nein, ich bestell mir ein Abendessen.

Soll ich dir eine Tasse Kaffee holen?

RAUN

Dazu haben Studenten viel um die Ohren.

Bei dieser eisigen Kälte.

RAUN

Und das, obwohl du mich herbeizitiert hast.

RAUN

RAUN

Hmm...

Und du?

menu

79

Vanilleeis

RAUN

Bist du auf Diät?

Aber ist das keine Kalorienbombe?

Ich glaub, du machst da einen Fehler.

RAUN

Ich weiß.

Davon wird mir nicht übel, weil es kalt und geruchlos ist...

Du bist wirklich der Allerbeste!

Hey. So benimmt man sich nicht, wenn man eingeladen wird.

Lass mich doch in Ruhe.

RAUN

... Nora geworden ist?

Was wohl aus...

Fuku.

Was ist passiert?

RAUN

Alles in Ordnung?

RAUN

Bevor es so weit kommen konnte...

Alles wird gut.

Okay.

Möchtest du Nachschlag?

Ich...

... hätte mich richtig um sie kümmern sollen.

Ich hätte nach Möglichkeiten suchen sollen.

Es gab sicher etwas, das ich hätte tun können.

Hast du sie zum Weinen gebracht?

Du warst aber schnell, Takara.

Äh.

Das ist ein Missverständnis.

Ich bin gerannt.

Hast du Fieber? Alles okay?

Sachi.

86

Mann, ist mir heiß.

Opa hat mir von Nora erzählt.

Ein Glück, dass sie es überlebt.

J...

Ja.

WUPP

Hä?

Hä? Was?

Der Tierarzt kümmert sich gerade um sie.

Genaueres müsste ich aber meinen Opa fragen.

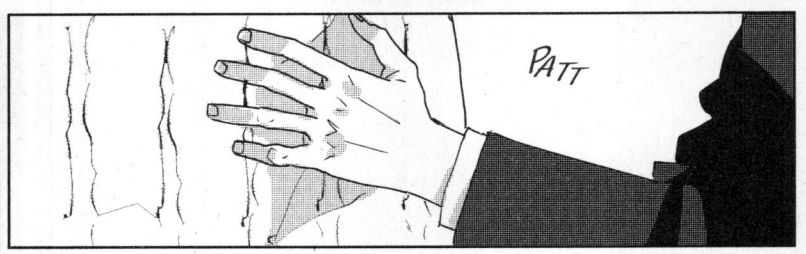

PATT

Alles wird gut gehen.

Das hab ich dir doch gesagt.

Hey.

Sachi.

...

Vielleicht
wird doch
nicht alles
gut gehen.

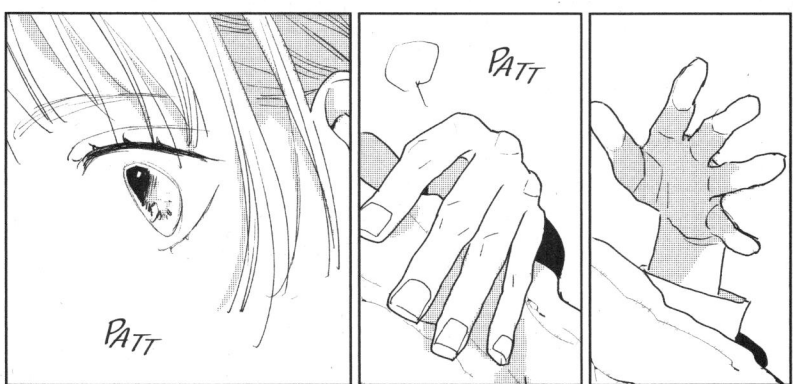

PATT

PATT

Klingt gut.

...

Lass uns...

... Nora morgen beim Tierarzt besuchen.

Okay, dann lass uns gehen.

Nein.

Nichts vergessen?

RAUN

RAUN

...bin vielleicht schwanger.

Ich...

RAUN

RAUN

RAUN

RAUN

RAUN

Takara würde mir bestimmt sagen, alles würde gut gehen.

Hattest du etwas in der Gegend zu erledigen?

RAUN

RAUN

Hatte ich.

Ja.

Er würde mit mir darüber nachdenken.

RAUN

Du hast nach einem Weihnachtsgeschenk für mich gesucht, oder?

Lass mich raten.

Was denn?

RAUN

...

Ich mach mir natürlich auch Gedanken drüber.

RAUN

RAUN

96

Apropos...

BIEP
RAUN

... was die Uni angeht...

Aber davor...

RAUN

... stehen die Prüfungen an.

Obwohl sie so weit weg ist?

Moment. Willst du dich etwa dort bewerben?

RAUN

Das weiß ich noch nicht...

RAUN

... aber möglich wär's.

Mich hat letztens der Coach von der A-Uni...

RAUN

... beim Wettkampf angesprochen.

RAUN

A-Uni?!

Echt?!

Die Uni, die für den Marathon-Staffellauf berühmt ist?!

Jedenfalls will ich sowohl beim Sport als auch bei den Prüfungen mein Bestes geben, um mir alle Türen offen zu halten.

Was ist mit dir, Sachi?

Ich...

RATAM

RATAM

TATAM

TATAM

RATAM

RAUN

RAUN

TATAM

TATAM

TATAM

TATAM

TATAM

TATAM

TATAM

TATAM

PUH

Sorry. Darf ich mich kurz hinsetzen?

KLIRR

KLIRR

10,
20..

Klar. Ich kauf dir was zu trinken.

Was grinst du so?

KLACK.

Hihihi...

BIEP

GADONG

Das mag ich so an dir.

... Takara.

Du bist so lieb...

Für dich.

Danke.

PUH

102

... bin ich mir sicher, wir würden das hinbekommen.

... eine Fernbeziehung führen müssten...

Auch wenn wir...

Ich möchte mein Leben lang an deiner Seite bleiben.

104

Ich werde
deine Zukunft
schützen,
Takara.

Kapitel 3
Verantwortung

RAUN

Jetzt bist du nicht mehr so blass wie vorhin.

Ich hab meine Tage bekommen.

RAUN

RAUN

Oh.

PATT

RAUN

RAUN

RAUN

Ich hätte dir vorhin heißen Tee statt Wasser holen sollen.

Wollen wir einen Taschenwärmer kaufen?

Kannst du gehen?

DODOMM

DODOMM

PUH

Die Regel bedeutet doch, dass ich nicht schwanger bin, oder?

Bin ich erleichtert!

Puh! Ein Glück!

Der Schwangerschaftstest war also doch falsch

Oh!

Es schneit!

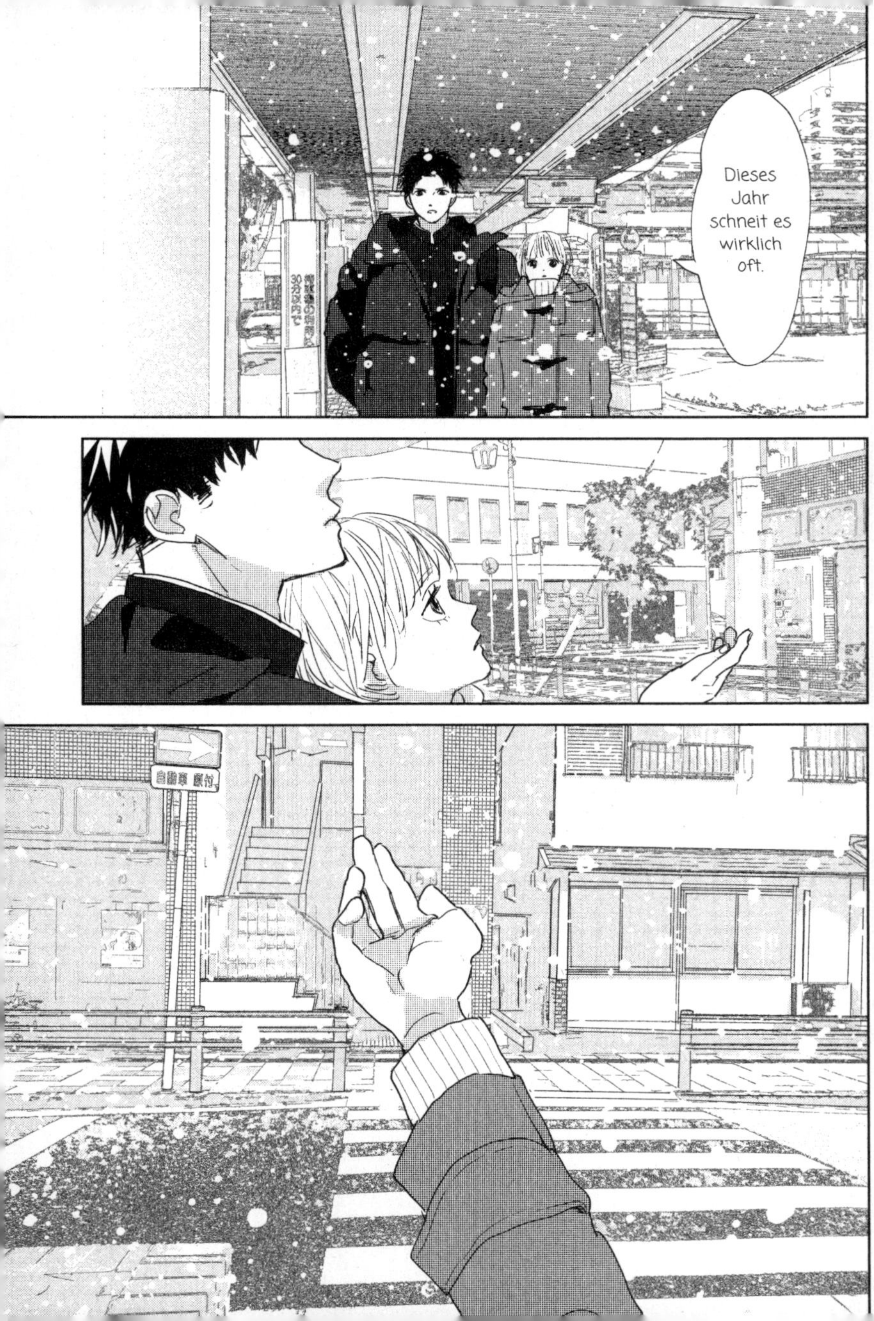
Dieses Jahr schneit es wirklich oft.

Stimmt.

Sie ist noch beim Tierarzt.

Ach ja, du fühlst dich ja nicht gut. Sorry.

Nein, lieber nicht...

Wollen wir sie gleich besuchen?

N...

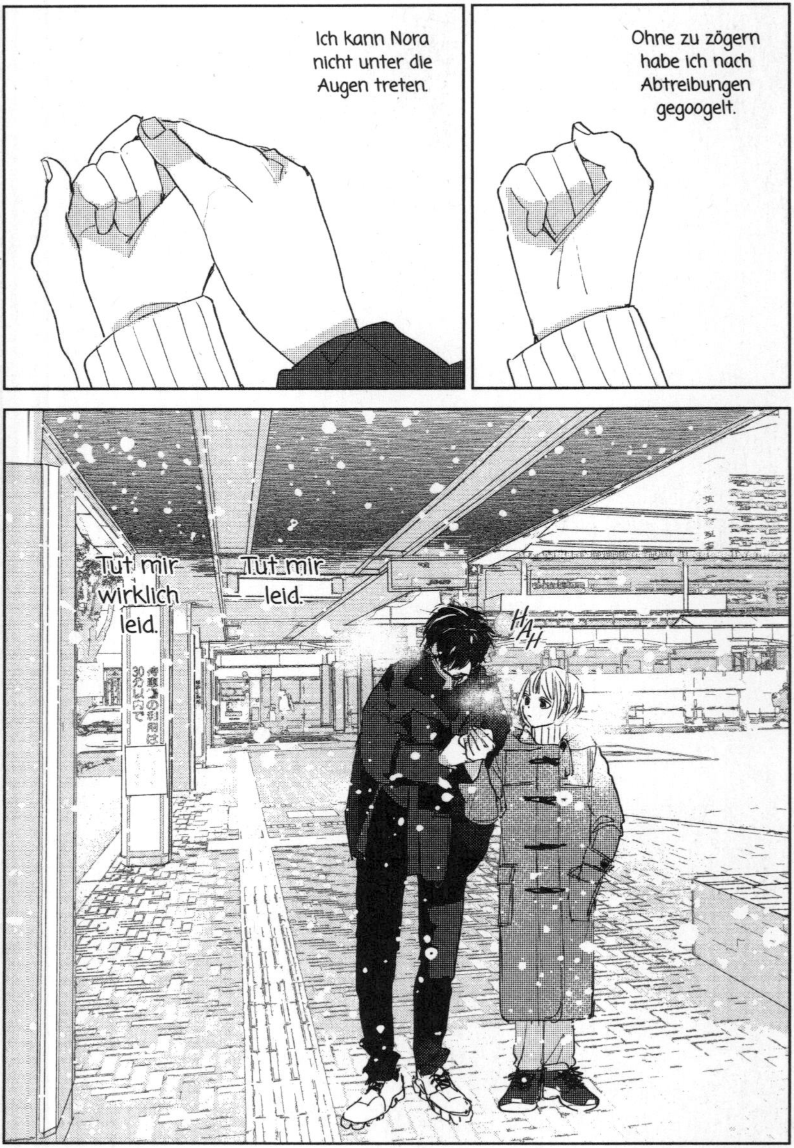

Ich kann Nora nicht unter die Augen treten.

Ohne zu zögern habe ich nach Abtreibungen gegoogelt.

Tut mir wirklich leid.

Tut mir leid.

Was ich
für eine Angst
hatte...

Ich könnte niemals ein Baby zur Welt bringen.

Und was meine Eltern erst dazu gesagt hätten.

Eine Abtreibung ist sicher teuer. Ich würde auch nicht wollen, dass meine Freunde davon erfahren. Außerdem gehe ich noch zur Schule.

Ich hätte auch Angst, Takara einen Weg aufzuzeigen, auf das Baby zu verzichten.

... Nora.

Bleib bitte am Leben...

Ich erzähle ihm lieber nichts davon.

118

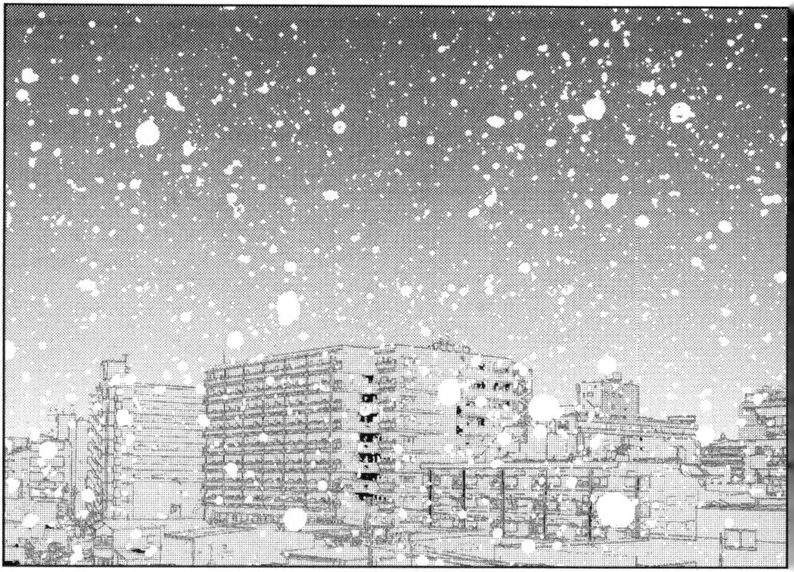

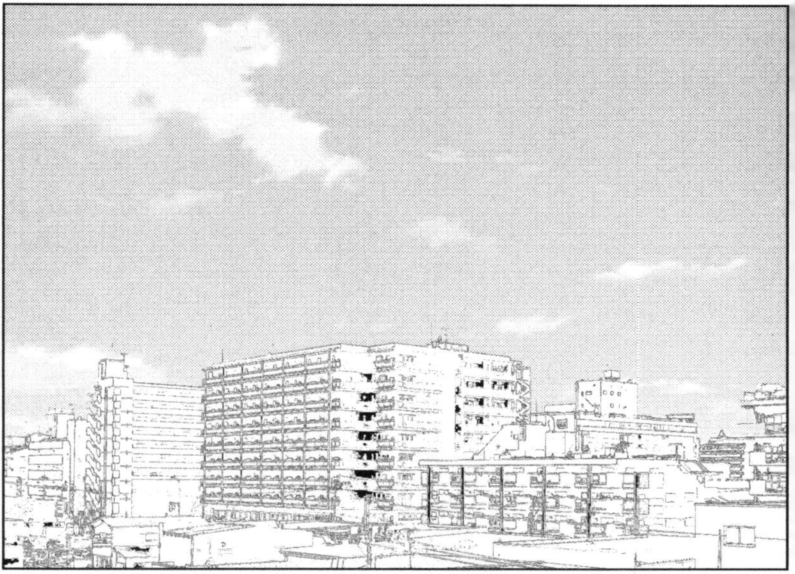

120

HAH

PFUH

HAH

TOCK TOCK TOCK

HAH

??

?

Das kann nicht meine Periode sein.

Schwanger Blutung|

Gründe für Blutungen in der Frühschwangerschaft

Frühe Fehlgeburt

Einnistungsblutung

Subchoriales Hämatom

Eileiterschwangerschaft

SWUSCH

Blutung nach gynäkologischer Untersuchung etc.

Plötzlich einsetzende Blutungen können Anzeichen für eine Fehlgeburt sein.

Eine Fehlgeburt ist eine vorzeitige Beendigung der Schwangerschaft vor dem Beginn der 22. Schwangerschaftswoche.

Oder weil
ich im Schnee
herumgelaufen
bin?

Ist das,
weil ich nichts
Vernünftiges zu
mir genommen
habe?

Weil
ich ständig
Süßigkeiten
gegessen
habe?

Mit
Takara
geschlafen
hab ich auch.

Liegt es
daran?

124

Woah.

Was machst du da vor der Tür?

KLOPF

KLOPF

KATSCHACK

SSP

SSt SSt

SSt

Lust auf eine Spazierfahrt?

KLANG

Hi.

Hast du gehört, Takara?

Fahren wir zu zweit?

So eine Frechheit.

Ach Mensch.

Nicht mit einem Fahranfänger.

Nein...

126

Sachi.

Das wird sicher eine nette Abwechslung werden.

VRRR

Wie unbekümmert er lacht.

Ich fahre auch besonders vorsichtig.

VRRM

Nora war gar keine streunende Katze.

Bestimmt nicht, ich hab ja keine Schmerzen.

Muss ich damit zum Arzt gehen?

Was ist überhaupt eine Fehlgeburt?

Da stand etwas von einem Ende der Schwangerschaft...

Ihr Herrchen ist zum Tierarzt gekommen.

Sie war anscheinend bloß ein Freigänger.

Hä?!

Na ja, er hat wohl seine Gründe...

Ich würde liebevoll zu Hause auf sie aufpassen!

Das ist absolut unverantwortlich!

Wieso hält er sie nicht zu Hause?!

Wie verantwortungslos...

Aber du könntest sie doch gar nicht halten, oder?

Der Tierarzt soll Hunderttausende Yen* gekostet haben.

Kannst du das bezahlen? Nein, oder?

* mehrere Hundert Euro

VRRM

VRRM

Ah.

TRÄUM

Dann würde ich nicht mehr mit Takara schlafen.

»Ich möchte ihn aber haben! Warum darf ich nicht?!«

»Zuerst musst du lernen, Verantwortung zu tragen.«

Ich hab's verstanden, Mama.

Okay.

Ist doch klar, dass sowas passiert, wenn ihr's miteinander treibt!

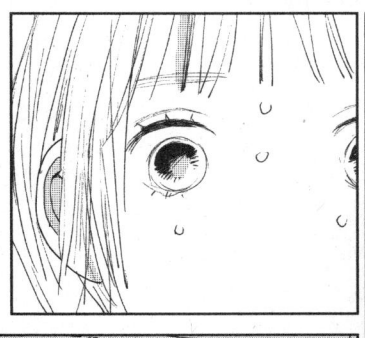

Kannst du dafür Verantwortung tragen?!

So kenne ich meinen Bruder gar nicht.

Moment.

VRRM

VRRM

So ist das also, wenn meine Familie davon erfährt.

Ich glaube, alleine könnte ich das nicht ertragen.

VRRM

QUIETSCH

BAMM

So, Pause.

Ich geh kurz an die frische Luft.

BIEP

BIEP

BIEP

KLAPPER

KLACK

SHRRT

Hast du denn jetzt auch Bauchweh?

Hä?

ZUCK

...

Ach, er meint meine Tage...

Nein...

Nein.

Ich glaube...

... wir sollten erstmal nicht mehr miteinander schlafen.

Ideal wäre, bis wir angefangen haben, zu arbeiten. Die Frage ist nur, ob ich's so lange aushalte.

Oder bis wir wenigstens wissen, wie wir unser Leben gestalten.

Bis wir von der Schule gehen.

...

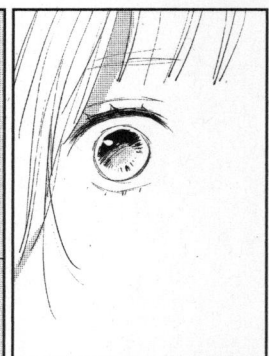

Ich hab echt kalte Füße bekommen...

Plötzlich ist mir alles so real vorgekommen.

Außerdem ist das Kondom ja letztens kaputtgegangen.

Dir geht's in letzter Zeit nicht gut.

Dazu diese Fahrt zum Frauenarzt...

Aber dafür ist es leider zu spät.

Ich hatte den gleichen Gedanken.

Ich habe nicht den Hauch einer Ahnung.

Fühlt es sich etwa auch so an, einen Heiratsantrag zu bekommen?

Kapitel 4
Konflikt

I...

Ich fühl
mich nicht
gut...

Fast so, als hätte ich einen Kloß im Hals.

Und mir wird speiübel, wenn ich Hunger bekomme...

Manches kann ich essen, anderes nicht.

Zuerst dachte ich, ich wäre erkältet.

Aber...

Es sind jetzt etwa zwei Wochen.

Seit wann geht das so?

Das geht aber nicht den ganzen Tag so. Ab und zu ist alles ganz normal.

... meine Periode ist auch ausgeblieben...

Ich weiß nicht.

Ich hab nicht darauf geachtet, weil meine Tage oft unregelmäßig, nur jeden zweiten Monat oder so, gekommen sind.

Wie lange schon?

Keine Ahnung, aber ich glaub, es war irgendwas anderes.

Die Blutung hat aufgehört.

Meintest du gestern nicht, sie hätten angefangen?

Hmm.

... und es ist nicht ganz sicher, aber...

... Ich hab vieles gelesen...

Aber...

Schon...

Kann es nicht sein, dass du einfach erkältet bist und deshalb aus dem Rythmus bist?

Und
der war
positiv.

Ich
hab
einen...

... Schwan-
gerschafts-
test ge-
kauft.

Oje,
jetzt ist
es raus.

Wie wird
er wohl
reagieren?

Ich hab's
ihm gesagt.

Ich wünschte,
er würde sagen,
dass er sich um
alles kümmert.

Oder kann er sich
nicht als Zauberer
entpuppen und die
Zeit um einen Monat
zurückdrehen?

Diese
Vorstellung...

HiHi

Bestimmt
hat er
eine Idee,
wie wir das
wieder hin-
biegen...

So ist er
nämlich.

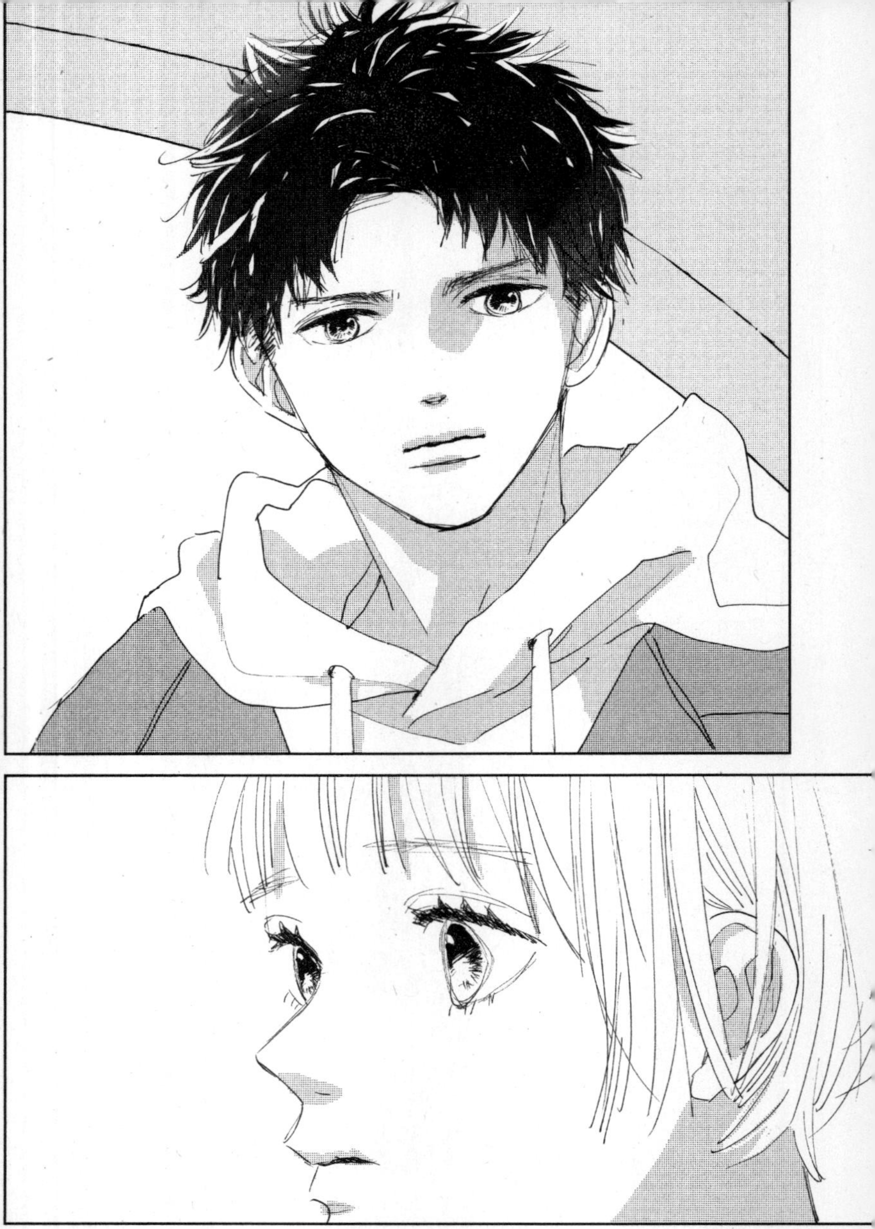

Überlegen wir gemeinsam ...

... was wir jetzt machen wollen.

Was wünschst du dir, Sachi?

Ich...

Und du?

Was ich mir wünsche...?

Ich weiß nicht.

...

Genau deshalb solltest du dich untersuchen lassen.

Sachi.

Außerdem steht noch gar nicht fest, dass ich tatsächlich schwanger bin...

Kou war doch stinksauer.

Mama würde auch Wind davon bekommen.

Aber das ist doch wichtig!

Montag haben wir doch Schule.

Okay, dann Montag. Ich komme mit.

...

Aber nicht heute. Ich geh irgendwann anders allein hin.

Hoffentlich schmeißen die mich nicht von der Schule.

Sachi.

Dabei sind nächstes Jahr die Abschlussprüfungen...

Vielleicht...

... benachrichtigt der Arzt meine Lehrer.

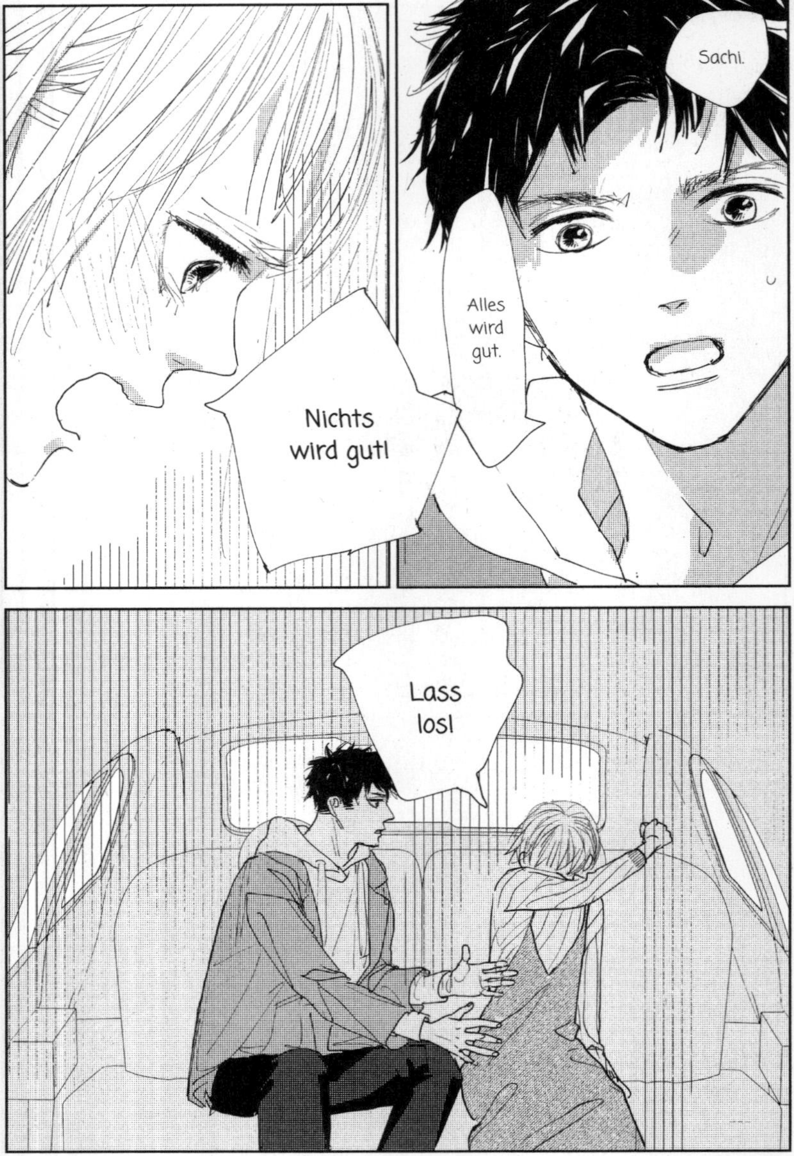
Sachi.
Alles wird gut.
Nichts wird gut!
Lass los!

... obwohl ich Unrecht hatte.

Äh...

Sorry, dass ich ausgerastet bin...

Ich...

...

Kou.

... hab verstanden, wie viel dir Sachi bedeutet.

Mir geht es nicht anders...

VRRM

Essen ist fertig!

Sachi!

Heute gibt's frittiertes Hähnchen!

Vielleicht hat sie sich zurück-gezogen, weil sie sich mit Takara gestritten hat.

(Wegen mir)

Lass sie doch.

Schläft sie schon?

Das von Mama schmeckt himmlisch.

Frittiertes Hähnchen!

Ach, Mensch.

Takara ist auch ein großer Fan von Mamas Hähnchen.

»Ich möchte Ihr Schwiegersohn werden!«

Ich würde mich aber nur übergeben, wenn ich jetzt welches esse.

Ich hab keine besonderen Träume.

HI HI

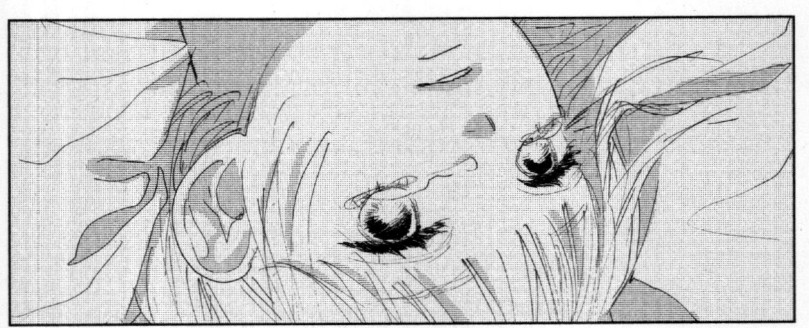

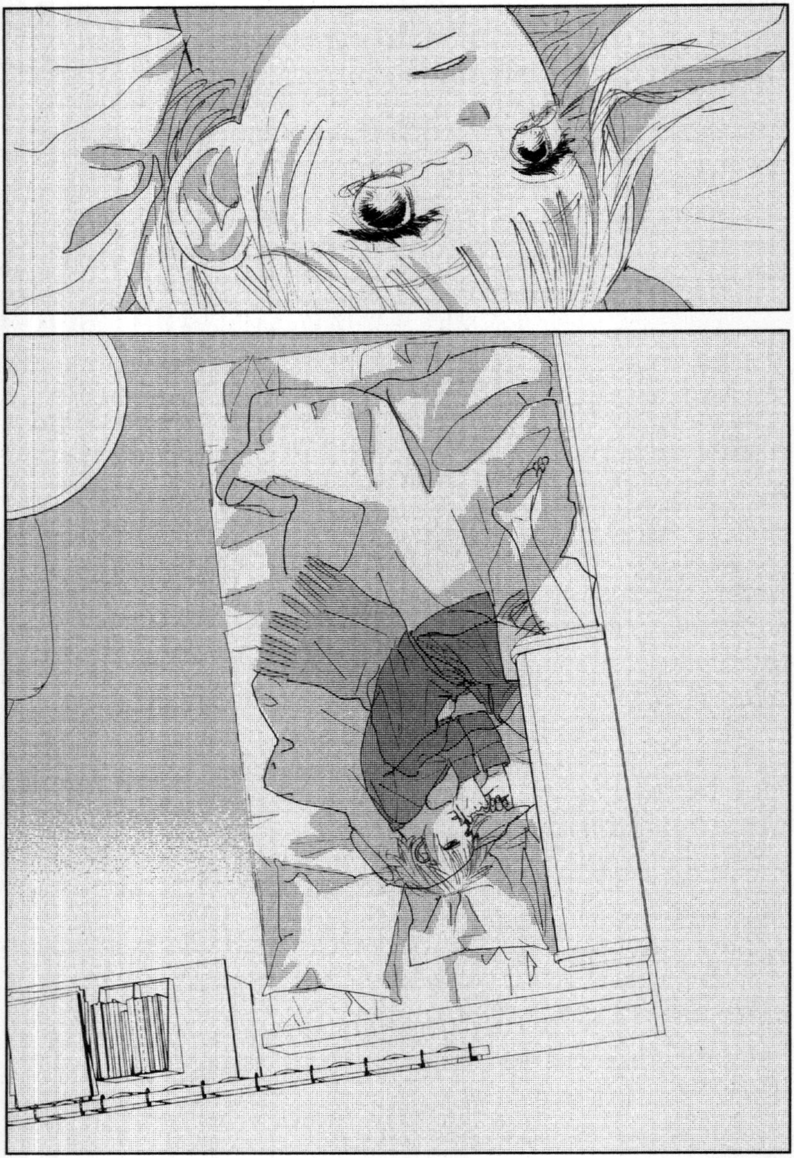

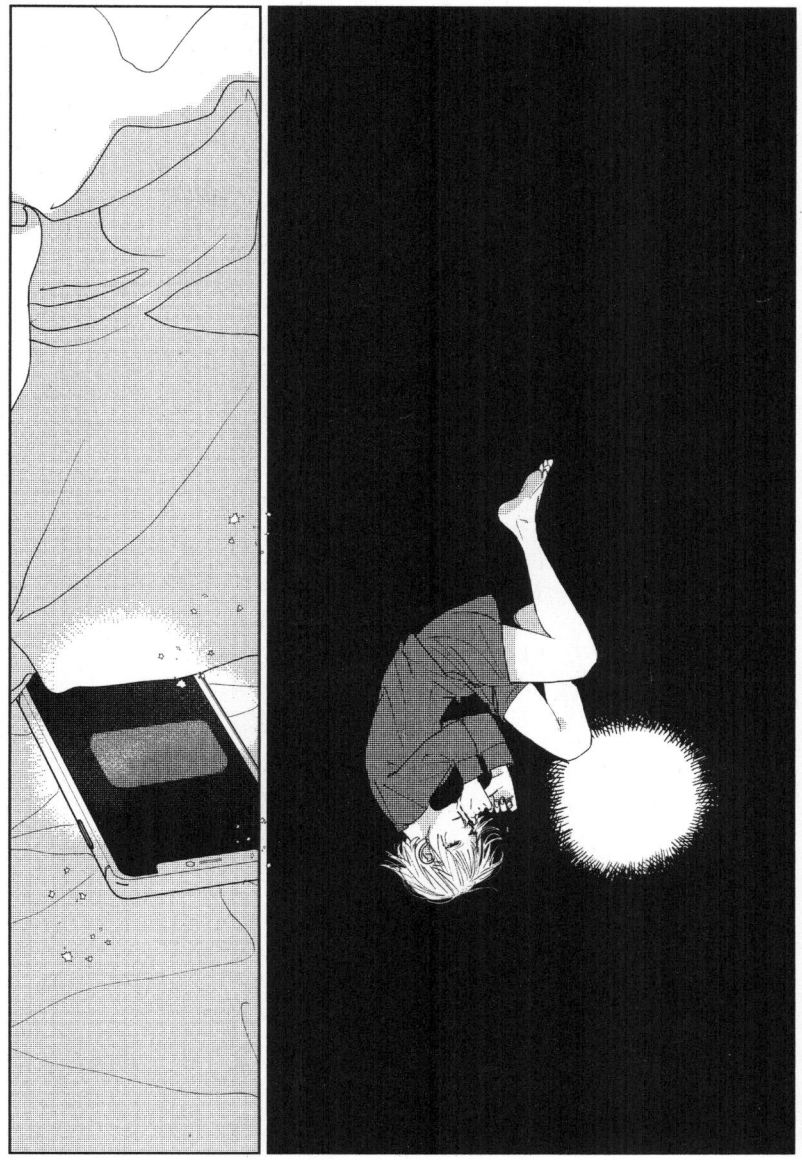

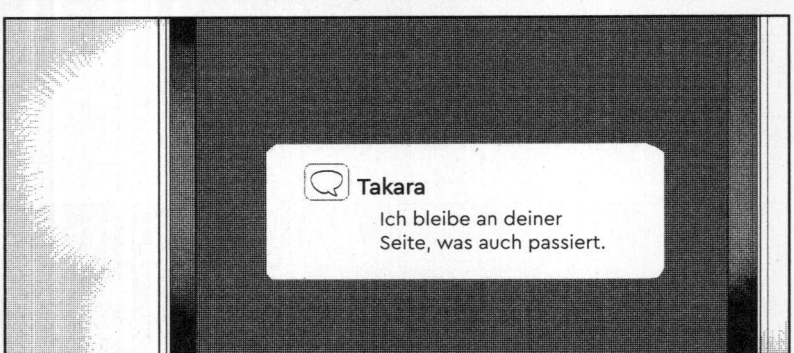

Takara

Ich bleibe an deiner
Seite, was auch passiert.

Das kann er nur sagen, weil er nicht selber schwanger ist...
Aber was hätte Takara auch Besseres sagen sollen?
Ich weiß es nicht.

178

Treffen wir uns nach der Schule am Bahnhof.

...

Okay...

Nein, dann würdest du dich verspäten.

Soll ich dich noch bis zur Schule bringen?

RAUN

RAUN

RAUN

RAUN

RAUN

RAUN

RAUN

RAUN

TUUUT

VRRM

VRRM

RAUN

Klinik für Frauenheilkunde

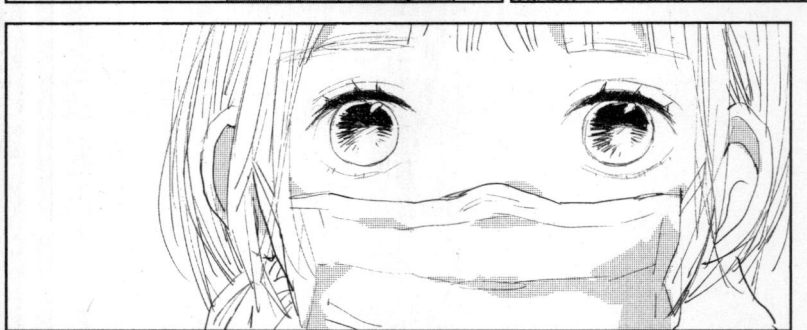

... die weit weg von zu Hause und der Schule liegt und wo eine weibliche Ärztin arbeitet.

Heute Morgen hab ich nach einer Klinik gesucht...

Zu Weinen hat mir geholfen, einen klaren Kopf zu bekommen.

Mein Leben muss ich selbst in die Hand nehmen.

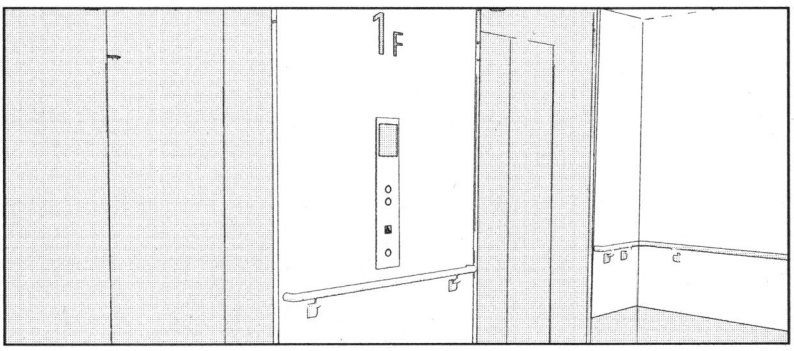

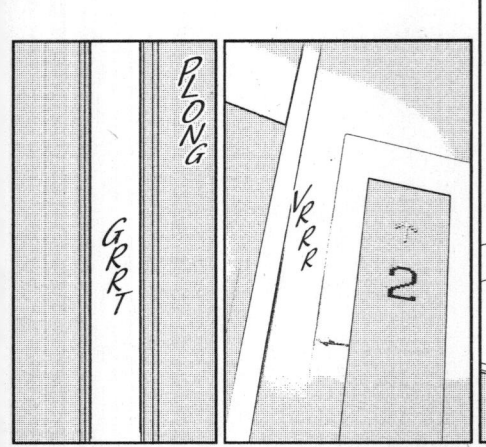

PLONG

GRRT

VRRR

2

Nanu?

Ach, man muss hochfahren.

Schönen guten Tag.

Kommen Sie rein.

Haben Sie einen Termin?

Äh... Ja.

Nein.

Ich...

Sind Sie zum ersten Mal hier?

Äh...

?

PUH

Füllen Sie ihn bitte so weit aus, wie Sie können.

Dann haben Sie hier den medizinischen Fragebogen.

Ist es in Ordnung, wenn Sie etwas warten müssen?

NICK NICK

Grund für den Arztbesuch
☐ Überprüfung der Schwangerscha[...]
• Haben Sie einen Schwangerschaft[...]
durchgeführt?
= Ergebnis vom .... (☐ positiv) (☐n[...]
• Möchten Sie d[...]

[...]rgebnis vom .....

• Möchten Sie das [...]rchgeführt?
☐ Ja (Entbindung)   .... (☑ positiv[...]
☐ Unentschlossen   [...]hwangerschaft
☐ Nein (Abbruch)

My Girlfriend's Child

2

Fortsetzung folgt...

Ein großes Dankeschön an
alle, die an My Girlfriend's Child
beteiligt waren.

K-mori
S-saki
K-tani
H-uchi
Redaktion von Bessatsu friend

Kuroki von Bay Bridge Studio

I-nami von Bessatsu Friend
Lehrer Fujimoto
Lehrer der A-Schule
Kinmei
B-ko Senpai

BIBI BEBE

Nagoya Birth Clinic

Satomi Seto

Yuri
Familie H

Aruko

September 2021, Mamoru Aoi

Sachi gibt an, einen Schwangerschaftsabbruch vornehmen zu wollen.

Zum ersten Mal sieht sie die Gestalt des Babys.

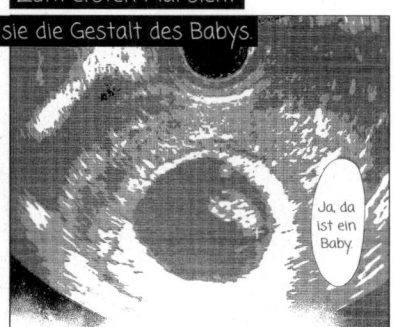

Ja, da ist ein Baby.

Zum ersten Mal hört sie Geräusche des Babys.

Als sie jedoch zum ersten Mal mit ihrem Kind in Berührung kommt, geraten ihre Gefühle ins Wanken...

Der kleine Körper.

Das Köpfchen.

Das ist die Fruchtblase, das Babyzimmer sozusagen.

Zum ersten Mal erfährt sie Näheres über das Baby.

Der 2. Band erscheint voraussichtlich im Januar 2025!

My Girlfriend's Child

ist eine japanische Serie, die originalgetreu von »hinten« nach »vorne« und von rechts nach links gelesen wird. Die Bilder und Sprechblasen werden ganz einfach von rechts oben nach links unten gelesen. Das lernt man ganz schnell.

Wir wünschen dir viel Freude mit *My Girlfriend's Child*

Carlsen Manga! News – jeden Monat neu per E-Mail!
www.carlsenmanga.de ~ www.carlsen.de

CARLSEN MANGA ~ Deutsche Ausgabe/German Edition
© 2024 Carlsen Verlag GmbH, Völckersstraße 14-20, 22765 Hamburg
Aus dem Japanischen von Nana Umino
ANOKO NO KODOMO © 2021 Mamoru Aoi ~ All rights reserved.
First published in Japan in 2021 by KODANSHA Ltd., Tokyo
Publication rights for this German edition arranged through Kodansha Ltd.
Redaktion: Patricia Janzen ~ Textbearbeitung: Rebecca Richards
Produktionsmanagement: Derya Yildirim
Alle deutschen Rechte vorbehalten
ISBN: 978-3-551-80376-4